VOYAGE

DE

TERRASSE EN TERRASSE,

PAR

AUGUSTE CARON.

PARIS.

SE VEND

Chez SAUGRIN,
Palais-Royal,
Passage du Perron, n° 7.

Chez M. CHEVALIER,
9, Boulevart Bonne-Nouvelle,
et 48, Boulevart St-Martin.

SE TROUVE ÉGALEMENT

Chez M. A. TRAMBLAY, au Bureau du Journal *le Cosmos*,
18, rue de l'Ancienne-Comédie,
Et à l'Imprimerie du *Propagateur*, 17, rue d'Enghien.

1854.

V

VOYAGE

DE

TERRASSE EN TERRASSE.

C.

VOYAGE

DE

TERRASSE EN TERRASSE,

AUGUSTE CARON.

PARIS.

SE VEND :

Chez SAUGRIN,	Chez M. CHEVALIER,
Palais-Royal,	9, Boulevart Bonne-Nouvelle,
Passage du Perron, n° 7.	et 13, Boulevart St-Martin.

SE TROUVE ÉGALEMENT

Chez M. A. TRAMBLAY, au Bureau du Journal *le Cosmos*,
18, rue de l'Ancienne-Comédie,

Et à l'Imprimerie du *Propagateur*, 14, rue d'Enghien.

1854.

Paris.—Impr. de madame de Lacombe , rue d'Enghien, 14.

Bien que le *Voyage de Terrasse en Terrasse* ne doive être qu'une série d'anecdotes drôlatiques, plutôt qu'une appréciation bien sérieuse des travaux de la photographie parisienne, il aura néanmoins un but d'utilité. Il est de ces banques si habilement masquées, de ces trucs si finement construits, de ces piéges si savamment tendus, aussi bien par les fabricants, les marchands, que par certains artistes eux-mêmes, qu'on peut s'y laisser prendre, sans pour cela mériter le surnom de Jocrisse ou une épithète équivalente.

Lorsque je divulguerai quelques-unes de ces fraudes, lorsque je montrerai les ficelles, lorsque je ferai jouer, sous les yeux des lecteurs, les ressorts des traquenards dans lesquels ils sont exposés à tomber chaque jour, je suis bien sûr qu'on me taxera d'exagération ; on prétendra que j'invente la plus grande partie de ce que je raconte. Je donnerais ma parole d'honneur qu'on m'en croirait d'autant moins. Et cependant loin d'exagérer, j'atténuerai, j'adoucirai les scènes où la spéculation prendra les proportions du scandale et de l'infamie.

Cette première livraison contient quelques centaines de vers, où je rends au talent de certains artistes, la justice qui leur est due, et où je critique, un peu âprement peut-être, certains autres dont les productions ont le privilége de m'agacer les nerfs.

J'ai fait ces vers sans y penser. Sont-ils bons.... je ne le crois pas.... je suis même sûr du contraire.... mais ils sont faits, et j'aime assez à ne rien perdre; libre aux artistes que j'exécute de se venger de moi en critiquant mes rimes, libre à eux de clamer qu'elles sont loin d'être riches; seulement, s'ils me font ce dernier reproche, j'ai une réponse toute prête, et cette réponse est celle-ci :

Mes rimes ne sont pas riches, c'est vrai, mais elles sont à leur aise.

A. CARON.

I.

Viens à moi, muse fantasque,
La muse aux bouffons propos,
Viens avec ton joyeux masque,
Ton pimpant tambour de basque
Et tes plus sonnants grelots.

Viens à moi, la muse folle,
Qui, dans ta causticité,
De ta mordante parole
En apparence frivole,
Sais dire la vérité.

Flagellant de ta satire
Le sot, le plat, le banal,
Viens, nous pourrons, sans médire,
Caqueter gaîment et rire
Comme au temps du carnaval.

Viens, apporte ta férule,
Ton sifflet le plus criard,
Pour l'artiste ridicule
Qui se donne sans scrupule
Pour le premier dans son art.

Viens, et surtout pas de grâce
Pour le sauteur insolent,
Dans son ignorance crasse
Faisant, à force d'audace,
Croire qu'il a du talent ;

Pour ces vils et plats banquistes,
Plagiaires effrontés
Usurpant le nom d'artistes
Et nourrissons des puffistes
Qui font les célébrités.

Quelquefois sur notre route,
Muse, nous rencontrerons
Des talents réels sans doute ;
Alors, sans qu'il nous en coûte,
Ceux-là nous les saluerons.

Muse, nous n'allons pas faire un voyage en Chine,
Voir ou Chandernagor ou Seringapatam ;
Non, notre excursion commence et se termine
Sur les rives du macadam.

Chez Messieurs les photographistes
Nous allons diriger nos pas,
Et puis nous parlerons des travaux des artistes,
Des mérites divers qu'ils ont..... ou qu'ils n'ont pas.

Nous rirons.

LA MUSE.

Tu te l'imagines ;
Moi, je crois que je vais user
Une ou deux paires de bottines,
Et ce, sans beaucoup m'amuser.

MOI.

Tu te trompes, muse étourdie,
Rien ne sera plus curieux,
La plus piquante comédie
Va se dérouler sous nos yeux.

Tu verras le butor, le sot le plus insigne,
De n'être bon à rien, un beau jour fatigué,
Qu'un article pompeux payé trois francs la ligne,
Fit photographe distingué.

Là, tu verras des gens s'intituler chimistes,
Et qui n'ont jamais su déchiffrer l'alphabet,
Il est vrai qu'ils étaient laquais chez des dentistes,
Chez Rogers ou bien chez Fattet.

Là, nous rencontrerons l'artiste dramatique
Dont l'entrain, le brio, nous plaisaient…. aujourd'hui,
Devenu photographe, et qui, resté comique,
Nous fait encor rire…. de lui.

Tu verras un pédant, s'entendant en peinture
Autant qu'au Chaldéen s'entend un perruquier,
Signer effrontément plus d'une miniature.
Haro sur le faussaire et sur le boutiquier !

Car ce brocanteur-là, de sottise notoire,
Traite les bons faiseurs de cuistres, de crétins,
Lui dont Samson aurait emprunté la mâchoire
Pour massacrer les Philistins.

Tu verras vingt marauds, vingt infimes manœuvres,
Envieux, impuissants, jaloux et vaniteux,
Afficher comme leurs les œuvres
De l'artiste nécessiteux.

Celui-là, chaque jour, court à l'Académie
Porter les procédés qu'il n'a pas découverts,
Et cet illustre corps, bardé de bonhomie,
Bâille et le remercie *à tort et à travers.*

Cet autre ! quel savant, mais quel savant étrange !
Il ne saurait rien faire avec simplicité,
Et sans cesse il triture, il combine, il mélange ;
Madame Gibou fait son thé.

Celui-ci, chaque mois, écrit quatre opuscules
Par lesquels il prétend faire progresser l'art;
Il ressasse à l'envi les plus vieilles formules:
    C'est une pendule en retard.

Et ces médailles d'or qu'étale ce bélitre,
Nous lui demanderons qui donc les lui donna,
Bien que nous sachions que de son propre arbitre
    Lui-même il se les décerna.

Nous dirons au farceur truffé de ridicules,
Qui vient tout récemment de débarquer du Gard,
Mettez sur votre enseigne, en lettres majuscules :
    Je suis le docteur Isambart.

Nous verrons monsieur Wulf, qui se croit un Daguerre
Parce qu'il fut parrain d'un boîteux procédé,
Malheureux procédé dont on ne parle guère,
Vu qu'avant d'apparaître il était décédé.

LA MUSE.

J'admets que la course soit gaie,
Ami, mais encore un seul mot:
C'est la fatigue qui m'effraie.

MOI.

Muse, partons et partons tôt.

Et pardieu ! si l'artiste reste
Au sommet de chaque escalier,
Ton pied est mignon et si leste
Pour grimper à son atelier.

II.

LA MUSE

Nous avons donc enfin terminé nos visites
Et franchi deux cents fois cent vingt marches maudites ;
Pourquoi ? pour rencontrer, en arrivant si haut,
Un artiste parfois, mais souvent un badaud
Qui, méchant fabricant de portraits plats et ternes,
Eût fait un excellent allumeur de lanternes.

MOI.

O muse ! il en est là comme dans tous les arts,
Près des talents réels sont les talents bâtards.
Comme l'a dit le Christ à la parole vraie :
« Il nous faut séparer le bon grain de l'ivraie. »
Mais tenons à chacun compte de son effort,
Peut-être que le faible un jour deviendra fort.

1.

LA MUSE.

Je reconnais bien là la nature bizarre
Du poète ; toujours la même erreur l'égare.
Je comprends, pour ma part, qu'on se montre indulgent
Pour l'homme studieux, l'artiste intelligent,
Qui vous dit franchement : *Attendez ! je débute*.
Très bien ! Mais pour celui qui court de chute en chute,
Impuissant et sans goût, et stupidement fier,
Fait plus mal aujourd'hui qu'il ne faisait hier,
L'indulgence à coup sûr est chose intempestive.

MOI.

Ne va pas oublier qu'il faut que chacun vive,
Plus d'un de l'objectif, ô muse, attend son pain ;
Or, écraser ceux-là, ce serait inhumain ;
Laissons-les vivre en paix, ils sont assez à plaindre.

LA MUSE.

Mais sans que j'aie encor de réserves à craindre,
Tu m'abandonneras au moins ces boutiquiers
Bâtissant des hôtels dans les plus beaux quartiers,
Avec l'argent gagné dans la photographie ;
Tel celui qui se vante et qui se glorifie,
Lorsqu'un récalcitrant refuse ses portraits,
De faire intervenir la justice de paix ;
Tel encor celui-là qui double ses recettes
Par un trafic honteux fait avec les lorettes.

MOI.

Certes, mais n'allons pas tout d'abord, au lecteur,
Offrir un sujet propre à soulever le cœur.
Ah! parlons lui plutôt des artistes trop rares,
Qui n'ont jamais du Puff emprunté les fanfares,
Repoussant ce qui touche à la déloyauté,
Et qui sont parvenus, grâce à leur volonté,
A force de travail, d'études sérieuses,
A livrer au client des épreuves heureuses.
A ceux-là sais-tu bien qu'il nous faut savoir gré
D'échanger chaque jour, contre un prix modéré,
Les produits d'un talent charmant et sympathique;
Si le petit rentier, à la bourse modique,
Ne peut rétribuer ou Couture, ou Dantan,
Il s'adresse à Vaillat, à Thompson, à Leblanc.
Le faubourg Saint-Germain et la haute finance,
Admirant le fini du faire et l'élégance,
Harcèlent Gerothwol et Tanner, deux cœurs chauds
Frères par l'amitié, par le talent jumeaux;
Mais tous les artisans, les commis, les grisettes,
Jaloux de rencontrer des épreuves coquettes,
S'en vont trouver, joyeux, en bande réunis,
Happey, le Gerothwol du faubourg Saint-Denis.
    Mesdames, allez encore
    Chez Saugrin, et chez Arnoux;
    Saugrin, son coloris dore
    Avec des reflets si doux;
    Arnoux, livre des épreuves
    Claires comme l'eau des fleuves,

Pleines d'un charme infini,
Qui sans être retouchées,
Sont plus fines, plus léchées
Qu'un dessin de Gavarni.

Si vous aimez chez l'artiste
Un toucher bien large et franc,
Voici Deschamp, le chimiste,
Voici Dubois et Bertrand ;
Ils reproduiront l'image
De votre charmant visage,
Et votre corps souple et rond,
Votre taille gracieuse,
Et votre bouche rieuse ,
Et votre regard si prompt.

Venez avec vos toilettes
Fixant les regards jaloux,
Si fraîches et si coquettes,
Et qui ne vont bien qu'à vous ;
Venez avec vos dentelles,
Vos joyaux pleins d'étincelles,
Vos cheveux tressés de fleurs
Votre gaze ou votre soie,
Qui scintille et qui chatoie
Comme la rosée en pleurs.

Venez aussi, jeunes femmes
A qui Dieu n'a donné rien

Du luxe des grandes Dames,
Vous vous en passez très bien;
Car vous avez pour parure
Votre suave figure ,
Emerveillant les passants;
Vous avez la gentillesse,
L'éclat de votre jeunesse,
Vos grands yeux éblouissants.

LA MUSE.

Mais auprès de ces noms mettons en parallèle,
Les nombreux noms de ceux pour qui l'art est rebelle,
De ceux qui n'ont jamais rien fait que du métier,
Et qui feraient bien mieux de broyer du mortier.
Venu de Pezenas ou bien de Carcassonne,
Vois-tu Monsieur B.... dans son humeur Gasconne,
S'imaginer qu'il a du talent..... *Allons donc,*
Vous vous croyez un aigle et n'êtes qu'un dindon.
Lenglet David, l'auteur d'exécrables retouches,
N'offre que des portraits ornés de gros yeux louches,
D'impossibles mentons, et d'un faciès plat,
Couleur jaune-serin, mélasse ou chocolat;
Cet homme a donc un cœur plein de fiel et de haine,
Pour massacrer ainsi la créature humaine;
En voyant les portraits de David dit Lenglet,
Je soutiens que le Code est vraiment incomplet,
Puisque cét assassin, à ma grande surprise,
N'a pas encor passé devant la cour d'assise.
Monsieur B. T. N., taillé sur le même patron,
Expose des produits couleur de potiron.

RÉFLEXIONS.

Voulant, dans ma première livraison, donner un aperçu de ce que *le Voyage de Terrasse en Terrasse* sera dans son entier, je vais interrompre cette revue pour entamer le chapitre des anecdotes. — Nul ne sera oublié du reste, j'aurai besoin de parsemer cette longue série de faiseurs, de banquistes, de spéculateurs éhontés, des noms de quelques artistes dont le caractère honorable ou le talent ont toute ma sympathie. C'est pour cela que les noms de MM. Emile Defonds, Moulin, Belloc, Arnaude, etc., etc., ne figurent point dans cette livraison.

A propos de cette revue critique de la photographie, je me faisais tout-à-l'heure la réflexion que plus d'un se croira en droit de me dire : mais vous qui vous établissez si sévèrement notre juge, qui êtes-vous ? Quelles sont vos notions en photographie ? Montrez-nous vos productions.

J'accepterai la question et condescendrai à y répondre. —Homme de lettres, je me suis, bien avant de fonder le PROPAGATEUR, occupé de photographie comme amateur et pour mon agrément. Quant à mes

productions qui sont et peu nombreuses et peu re-
marquables, elles me composent un léger bagage photographique qui vaut assurément mieux que le ramas-
sis de monstruosités émanant de ceux dont je me
moque. Puis encore, lors même que je viendrais provoquer le combat et la discussion, obscur, inconnu, sans
œuvres à exhiber, je pourrais toujours rappeler certain
proverbe persan, qui dit que :

L'homme est reçu selon l'habit qu'il porte,
Et reconduit selon l'esprit qu'il a montré.

On ajoutera que si j'ai quelques raisons à alléguer
pour justifier le droit que je m'arroge de décerner à
l'artiste un brevet de capacité ou d'incapacité, je pourrais y mettre plus de formes, de douceur, d'urbanité ;
qu'une critique modérée n'en est que plus profitable,
parce que l'artiste chez lequel on signale quelques dé-
fauts cherchera à s'amender, s'il croit recevoir un conseil d'ami, et se découragera s'il pense être en butte à
une critique de *parti-pris*.

Eh ! mon Dieu, à ceci je répondrai par une histoire
qu'un des meilleurs journalistes de ce temps-ci a ra-
contée quelque part, et qui sans doute est oubliée ou
qui est passée inaperçue comme passent aujourd'hui
presque toutes les choses qui ont un mérite réel.

Je copie presque textuellement.

« Il y a quelque temps qu'un jeune homme, doué

» d'un goût assez sûr et d'une aptitude assez rare à
» saisir les bons et les mauvais côtés des artistes, ima-
» gina de fonder un journal consacré à certaines
» questions artistiques. Ce jeune homme s'appelait...
» N'importe. Plein de convenance dans ses jugements
» dès l'abord, de courtoisie dans son langage, il par-
» lait moins en censeur qu'en homme du monde ; sa
» plume trempée dans du miel se faisait une étude
» d'adoucir les formules de la critique et d'envelopper
» l'expression du blâme de toutes sortes de précau-
» tions oratoires. Cette littérature honnête et pacifique
» valut, à son auteur, une demi-douzaine d'abonne-
» ments d'estime, et peut-être quelques suffrages tacites.
» Quant aux artistes, loin de lui savoir gré de sa
» réserve, loin de prendre en considération une cen-
» sure si bienveillante et si polie, ils n'honoraient
» même pas le journal d'un coup-d'œil, le journaliste
» d'un coup de chapeau.

» Quoi ! se dit le jeune homme outré de ces dédains,
» c'est ainsi qu'on en use avec la critique qui se pique
» de savoir vivre. Allons, changeons de batterie; à bas
» ma candeur primitive, assez de ménagements. Par-
» lons dorénavant à ces gens-là du seul ton digne
» d'eux et de nous. A moi le fouet de la satire, à moi
» le knout de l'épigramme et du sarcasme. Sanglons à
» ces arrogants de rudes vérités à travers le visage ;
» qu'on me haïsse pourvu qu'on me craigne. Mieux
» vaut faire peur que pitié.

» Ainsi fit-il: abjurant sa bénignité originelle, il
» s'arma d'une sévérité aussi mordante qu'impitoyable,
» qui ne faisait grâce à aucune tache. Comme à une
» causticité sanglante il joignait le talent de distin-
» guer le défaut de la cuirasse, chaque coup qu'il por-
» tait touchait au vif, et l'artiste qui lui tombait sous
» la main n'en sortait pas sans meurtrissure.

» La considération qu'on accorde à un homme se
» mesure au mal qu'il peut faire. De ce jour les égards
» succédèrent aux dédains, la crainte et le respect
» remplacèrent l'inattention. Tel qui daignait à peine,
» avant qu'il fût à craindre, lui faire l'aumône d'un
» signe de tête, le salua présentement de la plus pro-
» fonde de ses courbettes ; quelques récalcitrants sen-
» sibles aux piqûres, s'avisèrent de lui montrer les
» dents, mais pas par trop toutefois, car on savait qu'il
» piquait aussi bien avec l'épée qu'avec la plume. »

Telle est la seule réponse que je puis faire : je suis
bien persuadé que chacun m'a compris.

Deux mots encore.

Si quelques artistes se croient attaqués à tort, s'ils
croient pouvoir me taxer d'injustice, qu'ils viennent :
au besoin je n'hésiterai pas à me rétracter ; mais si
quelques autres, justement flagellés, continuaient leur
système de lettres anonymes, je les prierai de me répé-
ter en face les phrases qu'ils m'écrivent ; car je tiens à
leur disposition...... du bois vert.

PROCÉDÉ

Pour prendre les Vues de Monuments sans être gêné par les Passants.

Le marquis de *** est un amateur passionné ; il ne se contente pas d'écrire son nom au bas d'épreuves exécutées avec ses appareils par d'habiles opérateurs ; il aime à mettre les mains à la pâte, et les élus qui sont entrés dans l'intimité de son album, ont pu admirer une des plus belles collections que la photographie ait produites.

Ce qu'il y a de plus piquant dans la collection du marquis de ***, c'est que chaque épreuve est accompagnée d'une légende relatant toutes les circonstances qui en ont accompagné la venue. J'ai pu me convaincre en lisant nombre d'anecdotes, qu'on peut être bon photographe et homme d'esprit. — Voici, entre autres, celle qui m'a paru porter avec elle un enseignement utile pour les amateurs.

Par un beau soleil, le marquis de *** se mit en route avec son appareil, et vint s'installer, devant la colonne, au milieu de la rue de la Paix. Sous la blouse et le feutre gris de l'artiste, personne n'aurait songé à reconnaître le fashionable du faubourg Saint-Germain; mais pour plus de sécurité notre lion avait dissimulé presque tout son visage sous une épaisse barbe d'emprunt.

Le voilà donc braquant son objectif sur les batailles de bronze, et laissant au dieu Phœbus le soin d'achever l'opération. Tout alla d'abord à souhait, sauf quelques voitures qui donnaient des émotions à l'appareil, et quelques passants qui, de temps à autre faisaient l'office d'obturateurs. Mais il y a bien des badauds à Paris (Paris ne vivrait pas sans ses badauds) : Au bout de cinq minutes, le marquis faisant faction auprès de sa chambre noire se trouva entouré d'un cercle compact de curieux, qui se resserrait de plus en plus, et menaçait la solidité de l'édifice photographique.

Le danger était imminent. Oter son chapeau, y glisser adroitement quelques gros sous et les faire sonner en faisant le tour de la société, fut pour notre amateur une idée lumineuse aussitôt exécutée que conçue. La manœuvre eut un plein succès : à la vue de cette main qui leur demandait de l'argent, les curieux s'éclipsèrent comme au quart d'heure de Rabelais. Mais au moment où le marquis, riant dans sa barbe, se dispose à plier bagage, une main s'appuie sur son

épaule, et une voix lui crie: « Votre médaille! —
« Quelle médaille? Je n'ai pas de médaille. — Alors,
« au nom de la loi, suivez-moi! vous êtes prévenu de
« mendicité sur la voie publique! » Malgré toutes les
protestations, il fallut suivre l'autorité. Chemin faisant
l'agent de police, vieux matois qui regardait sa proie du
coin de l'œil, s'aperçut que le prétendu mendiant portait
des favoris postiches. Dès lors ce devait être un forçat li-
béré, ou, tout au moins, un échappé de la Conciergerie;
il le conduisit tout droit à la Préfecture de police, où
le malheureux dut attendre vingt-quatre heures avant
de faire constater son individualité, et recouvrer sa
liberté.

Ne croyez pas que le marquis de *** ait renoncé à
sa passion pour les vues; il est plus photographe que
jamais. Et se propose «pour cet été, de photographier
toutes les vues en dépit des badauds: mais il est en
instance auprès du Préfet de police, pour obtenir une
carte de saltimbanque. — Je vous recommande le
procédé...

UN RAT DANS UN FROMAGE.

À instinct un homme, c'est, à coup sûr, monsieur
degré il m'a toujours fait rire de bon cœur et c'est

si bon de rire. — On rit si peu aujourd'hui. Permettez-moi, monsieur Legros, d'être indiscret plutôt qu'égoïste, permettez-moi de faire part du colloque que vous eûtes il y a quelques jours avec l'un de ces pauvres diables qu'on appelle *inventeurs* jusqu'au moment où on leur octroie la dénomination *d'aliénés*.

Ce pauvre diable en question est un homme jeune encore, possédant des connaissances assez étendues en chimie et qui depuis longtemps s'est pris de passion pour la science daguerrienne. Un rêveur, ça n'est jamais riche : pour commencer ses premiers essais et pour pouvoir se procurer les instruments nécessaires, il vendit d'abord ses livres, ses pauvres livres que depuis dix ans il allait chaque jour déterrer sur les quais; il vendit sa montre, un souvenir de famille; s'il ne vendit pas son linge..., c'est qu'il n'en avait pas. Pendant deux ans il travailla, seul, toujours mécontent de ses productions, et lorsque par hasard il obtenait un succès, il n'allait point le colporter d'atelier en atelier, mais se remettait avec plus de cœur que jamais à son œuvre, dans l'espérance d'arriver à mieux encore. Il ne voulait pas faire du métier, et d'ailleurs il n'avait pas les fonds nécessaires pour s'établir, pour rivaliser avec ces faiseurs qui placardent les devantures des magasins des plus beaux quartiers de colossales expositions. — Il vivait, si cela peut s'appeler vivre, de quelque argent que lui donnait de temps à autre en échange de charmants clichés un homme qui exploitait sa misère (car la photographie a ses usuriers, ses harpagons , ses fesse-mathieu).

Un jour, le pauvre bohême crut (peut-être cela était-il vrai) être sur le point d'atteindre à un résultat cherché depuis longtemps par lui, il fallait faire quelques dépenses ; il s'adressa à l'usurier susdit ; voici quelle fut sa réponse : Je ne mets mon argent dans une affaire que lorsqu'il m'est démontré qu'il y aura un produit certain ; travaillez, persévérez ; lorsque vous aurez trouvé, venez me voir, alors nous exploiterons la chose de concert et *par moitié*.

Ce fut alors que l'idée lui vint de s'adresser à M. Legros. Qu'on sache bien que je ne veux pas établir de parallèle entre M. Legros et l'exploiteur dont il vient d'être question. Je crois M. Legros homme de cœur ; seulement à mon avis, en Angleterre , on lui donnerait la qualification d'*excentric man*.

La scène sepasse dans le salon de M. Legros ; le salon lambrissé est peuplé d'armoires et de placards sur chacun desquels on peut lire : Volumes de M. Legros. — Notes de M. Legros. — Documents chimiques de M. Legros. — Brochures de M. Legros. — Procédés de M. Legros. — Journaux de M. Legros. — Ecrits divers de M. Legros. — (et je n'en suis pas bien sur pourtant) — Poésies de M. Legros.

Enveloppé, drapé, cousu, enfoui dans une robe de chambre orientale, coiffé d'une calotte grecque qui lui donne un air turc, comme on dit dans je ne sais plus quel vaudeville, **M.** Legros est assis dans un *coin du feu*, la tête entre les mains, dans l'attitude de l'homme plongé dans la plus profonde et la plus scientifique des méditations.

Trois coups discrets sont frappés sur la porte : on sent que le doigt qui frappe est *humble, honteux, solliciteur*. **M.** Legros ne bouge pas. Dans la recherche de quel problème chimique est-il donc absorbé ? Trois nouveaux coups toujours timides se font entendre. — **M.** Legros ne sort ni de son immobilité ni de son silence. — Enfin la porte s'entr'ouvre discrètement, le pauvre bohême en habit râpé, roulant entre ses mains un spectre de chapeau, avance sa tête amaigrie ; il ferme doucement la porte, fait quelques pas sur la pointe des pieds et murmure : Monsieur.

M. Legros fait un mouvement, s'étire, baille et se frotte les yeux ; il ne méditait pas, il sommeillait :

Mille pardons, Monsieur, j'arrive bien mal à propos, je vous dérange, je ne voudrais pas vous importuner ; si vous daigniez m'assigner une heure à laquelle vous pourriez me donner une audience de quelques minutes?

— M. LEGROS. — Qui êtes-vous ?

— L'ARTISTE. — Je m'occupe de photographie.

— M. LEGROS. — Ah ! Eh bien parlez ; mes innombrables occupations ne me laissent pas le temps de pouvoir longuement vous écouter, mais enfin (il tire sa montre — *(a part)* : Diable il y a trois heures que je dors) — *(haut)* : Je vous accorderai un quart d'heure.

— Cela me suffira, Monsieur ; voici en deux mots le motif de ma visite. Depuis quatre ans je m'occupe de photographie, voici quelques épreuves qui vous donneront une idée de ce que je puis faire sur papier sec, papier humide, collodion et albumine. Je suis en voie de trouver un procédé qui, je crois, doit intéresser tout artiste ou amateur photographe ; voici, Monsieur, ce que ce procédé m'a donné : ce que j'ai obtenu est encore bien incomplet, mais on peut déjà préjuger de ce que j'obtiendrai. Si vous vous décidiez, Monsieur, à fournir à quelques légers frais indispensables, je viendrais travailler dans votre atelier et nous perfectionnerions ensemble ma découverte.

— M. LEGROS. — Vous ne me connaissez pas, mon ami, ou vous me connaissez mal.

Vous êtes venu à moi parce qu'on vous a dit : M. Legros est un artiste sérieux qu'on ne doit pas confondre avec les farceurs, ses confrères, et vous trouverez en lui un homme disposé à vous patroner, à vous aider non seulement de sa bourse, mais de ses conseils et de sa longue expérience. Il y a deux ans encore tout ceci eût été vrai, aujourd'hui il n'en est plus ainsi ; je m'en tiens à ce que je sais, la nouveauté né me sourit plus. Tenez, hier, oui hier, je songeais, moi aussi, à un procédé nouveau que j'entrevoyais vaguement à la suite d'une expérience que je venais de faire ; j'allais peut-être m'y livrer avec toute l'ardeur qui me caractérise, lorsqu'une réflexion heureuse surgit ; je me pris à part, je me rassemblai dans mon cabinet d'étude, et après avoir répondu à plusieurs questions que je me posai, je conclus de cette sorte (*d'un ton bonhomme*) :

Legros, mon ami, que vas-tu faire encore? Voici quatorze ans bientôt que tu apportes ta pierre à l'édifice photographique ; tes travaux ont reçu de bien douces récompenses, je n'en disconviens pas ; les têtes couronnées de tous les pays connus ont posé devant toi; chaque souverain t'a décerné une croix, une médaille, t'a honoré d'un ordre quelconque, à quoi bon te consumer maintenant dans les veilles? Tu obtiendrais une médaille de plus, à quoi te servirait-elle? la brochette que tu peux te flanquer sur la poitrine n'est-elle pas assez meublée, assez garnie? Renonce aux pompes de l'orgueil, tu as assez fait dans le passé pour être dispensé de faire à l'avenir.. » — Vous avez dû me comprendre, Monsieur ; rien ne saurait me tenter désormais ; allez porter ailleurs votre procédé, il ne manque pas de gens qui ayant obtenu moins d'honneurs que moi ont plus d'ambition qu'il ne m'en reste. Adieu, j'ai à reproduire aujourd'hui les augustes images de la reine Pomaré, du comte de Porrentruy, du duc de Salsifipoulos et du sheik Ben-Asperge-Abdallah; ils m'attendent depuis dix minutes au moins, or l'exactitude doit être la vertu des photographes.

Et M. Legros congédia l'artiste d'un geste superbe, et fit une sortie théâtrale; il se dirigea vers son laboratoire et monta majestueusement son escalier au bas duquel se trouvait sa bonne qui forma la haie sur son passage.

Quant au pauvre diable, si l'on veut savoir ce qu'il est devenu, je dirai que : ayant perdu plusieurs jours à faire ces différentes démarches, ayant pendant ce temps mangé ses deux ou trois sous d'économie et n'ayant pu faire de clichés, il se vit forcé d'entrer comme opérateur chez un photographe de la rue de Rivoli. Là, il travaille toute la journée, et en échange reçoit vingt sous sur lesquels ayant prélevé son loyer quotidien, il lui en reste à peu près douze pour aller manger sous les parapluies de la Halle.

LES RACCOLEURS.

Lorsqu'un voyageur descend de diligence ou de wagon il est entouré d'un cercle de garçons d'hôtel qui le tiraillent en tout sens. M. *** qui dans les environs du Palais-Royal tient une fabrique de portraits, se sert d'une tactique analogue pour augmenter le nombre de ceux qui honorent ses ateliers de leur présence.

Des courtiers sont posés par lui au coin des rues avoisinantes, arrêtent le passant, le contraignent à accepter des cartes, des prospectus, lui font *l'article*, lui débitent leur *boniment*, les escortent, déploient la persistance la plus fatigante, et souvent, la personne importunée se rend à leurs obsessions. Nous avons vu récemment un de ces courtiers accoster une vénérable famille débarquée de province qui stationnait sans penser à mal en face d'une montre du sieur ***. Le courtier susdit se planta en face du groupe et s'écria : D'honneur, voilà le plus vénérable des pépins qu'il m'a été donné de contempler dans ma vie, et ce disant il saisit le parapluie que tenait en main le chef de la famille, et commença à escalader l'escalier conduisant à l'atelier de son patron (troisième étage au dessus de trois entre-sol), portant le parapluie comme un étendard et faisant aux provinciaux ébahis les gestes les plus gracieux et les invitant à le suivre.

La famille entière se précipita comme un seul homme pour recouvrer son meuble.

Arrivées dans l'atelier, les victimes du courtier furent jetées dans un fauteuil, l'objectif fut braqué, et dix secondes après elles étaient photographiées, non sans être toutefois rentrées préalablement en possession du parapluie.

C'est bien moi, c'est toi, c'est nous; s'écrièrent en chœur les provinciaux à la vue de leurs portraits qu'ils acceptèrent en échange de 40 francs. Je demandai le nom du raccoleur intelligent qui procure ainsi des clients au sieur ***. — Il se nomme Brabant.

M. *** vous devriez envoyer le sire Brabant au débarcadère, à l'heure de l'arrivée des convois.

SYSTÈME MILLET.

VERNI-COLLO-MILLET.

Lorsqu'à propos du procédé sur verre de **M. Millet,** puisque, *is pater est quem academia demonstrat,* je me suis permis quelques plaisanteries, j'ai eu décidément tort, cela m'a coûté quarante ports de lettres; aux auteurs de ces lettres, je n'ai que deux choses à reprocher : un peu trop d'enthousiasme pour **M. Millet,** et l'oubli complet de l'affranchissement des missives.

Je donne ici copie de l'une d'elles :

A M. Caron, rédacteur en chef du Propagateur.

« Monsieur,

» Vous prétendez que les blancs des positives sur verre de **M. Millet** ne sont que des gris; la nuit cela se peut, la nuit tous les blancs sont gris, mais le jour, Monsieur, le jour, ces blancs sont d'un éclat tel, que la plupart des photographes et amateurs de Paris ont collectivement supplié M. Millet de ne laisser voir ses épreuves qu'aux personnes qui se présenteraient munies de lunettes jaunes, les verres jaunes jouissant, comme vous le savez, de la propriété de laisser regarder les couleurs les plus éclatantes sans qu'elles nuisent à la vue.

» Nous l'avons prié encore de s'entendre avec un opticien, qui établira dans le vestibule de la salle Montesquieu un dépôt spécial desdites lunettes, et de demander à l'autorité militaire un bataillon sans armes qui sera chargé de les distribuer aux nombreux et impatients admirateurs de son talent.

» Vous n'êtes qu'un mauvais plaisant, Monsieur; comment, vous vous moquez de M. Millet, qui, au moyen de ses substances accélératrices, saisit l'oiseau dans son galop, le cheval dans son vol, je me trompe, le cheval dans son galop, l'oiseau dans son vol, l'éclair dans sa course, la flamme dans ses oscillations.

» Vous riez, Monsieur, ah! vous n'êtes pas *ornithophile*, car sans cela vous le remercieriez à genoux, ce M. Millet, grâce à qui, désormais, les oiseaux pourront se faire photographier sans avoir besoin de se faire empailler comme précédemment, ce qui faisait qu'ils y regardaient à deux fois avant de venir poser devant l'objectif.

» Mais, en outre :

» M. Millet n'a-t-il pas trouvé le moyen de transporter ses couches de Verni-Collo, dit Verni-Collo-Millet, et de les appliquer sur telle ou telle partie du corps?

» Les dames sont prévenues que le frottement le plus vigoureux n'altère en rien l'image qui est à toute épreuve.

» Le Verni-Collo-Millet vient en outre faire réaliser une économie incommensurable. Grâce au Verni-Collo-Millet, plus de passe-partout, plus même d'encadrements. Si j'étais fabricant de cadres ou de passe-partout, je me hâterais de me pourvoir d'une autre industrie.

» Allons, M. Caron, reconnaissez vos torts, n'ayez pas de fausse honte, faites abjuration de toutes vos hérésies à l'égard du procédé et du Verni-Collo-Millet, faites insérer cette abjuration dans la *Lumière* et tous autres journaux aussi répandus; affichez-en deux exemplaires à votre porte en témoignage d'un repentir sincère; et peut-être l'estime générale, que vous vous êtes aliénée, vous sera-t-elle rendue.

» *Un de vos meilleurs amis,*

» A.... »

Une semblable lettre suffirait pour éveiller en moi les plus atroces *remords*, si j'étais habitué à user de *cette denrée*, mais j'ai juré de mourir dans l'impénitence finale.

MONSIEUR VAUTOUR.

M. *** est propriétaire de plusieurs maisons situées dans les plus beaux quartiers de Paris. M. ***, comme on l'a dit pour M. Thiers, n'a pas, en venant au monde, été bercé sur les genoux d'une duchesse, tant s'en faut ; il se colleta souvent dans sa jeunesse avec la pénurie et la misère ; longtemps il mena la vie délabrée du bohême : *Quantum mutatus ab illo.*

La photographie lui a donné des rentes. Ah ! c'est que M. *** chercha moins à faire de l'art que du métier, et qu'il fut plutôt négociant et boutiquier qu'artiste. En outre, quand un client se trouvait peu satisfait du portrait qui lui était livré et le refusait, M. *** lui décochait une assignation tendant à le forcer à le trouver ressemblant et à accepter l'épreuve.

Le bohême, en devenant propriétaire, a pris une morgue des plus insupportables, un ton des plus tranchants, une impertinence de parvenu, en un mot.

A ces aimables qualités il joint l'envie, l'orgueil, l'avarice et les quatre autres péchés capitaux ; le plus développé de ces péchés est chez lui l'avarice.

Deux mots peindront l'homme. — Lorsqu'il lui arrive une bonne aubaine, un lucre quelconque ou quoi que ce soit qui le satisfasse, il s'écrie : DIEU SOIT LOUÉ (et tout bas il ajoute) ET MES MAISONS AUSSI.

Un jour étant allé visiter une de ses propriétés et tracasser ses locataires, remarquant une grande allée et venue dans les escaliers, il leva les yeux au ciel et s'écria : *Mon Dieu, ma maison ne se repose pas entre les mains de gens pareils !*

Un de ses amis lui ayant fait observer qu'un homme riche comme lui devait posséder une bibliothèque, il se décida, en poussant maints soupirs, à faire l'acquisition, à l'hôtel des Ventes, d'une bibliothèque d'occasion. Quand il s'agit de la garnir, il fit quérir un brocanteur juif, et lui demanda combien cela lui coûterait. — C'est selon les ouvrages que vous voudrez, repartit l'enfant d'Israël. — Bast ! dit M. ***, pourvu que ce soit bien relié et que ça ait de l'apparence, le reste m'est indifférent. Allons, mesurez-moi cette bibliothèque, et dites-moi combien vous me prendrez..... de la toise ?

LES OBJECTIFS ALLEMANDS.

Il y a environ deux mois, un artiste, en même temps peintre et photographe, dont j'ai eu l'occasion de citer le nom dans le *Propagateur*, le sieur Marlé, n'avait d'autre ambition ni d'autre rêve que de posséder un objectif allemand.

Après avoir longuement supputé combien il lui faudrait de jours d'économie et d'abstinence pour réaliser la somme nécessaire à l'achat du bijou de Voigtlander, M. Marlé se rendit chez un opticien, son fournisseur accoutumé. Le prix débattu :

— Mon cher M. Marlé, lui dit l'opticien, j'irai dès demain chez le correspondant de la maison Voigtlander de Sohn, et d'ici quarante-huit heures je serai en mesure de vous livrer votre objectif. La nuit suivante Marlé rêva qu'avec son appareil allemand il faisait des épreuves comme on en voyait peu, comme on n'en voyait pas. Il rêva qu'on lui volait lesdites épreuves, et qu'il promettait cinq cents francs à celui qui lui rapporterait chacune des épreuves soustraites ; et qu'enfin dans chaque numéro, le *Propagateur* lui consacrait exclusivement trois colonnes pour le compte-rendu de ses productions.

L'heure assignée par l'opticien, pour la livraison, sonna enfin. Dire que le pauvre Marlé courut chez ce dernier, serait faux : il y vola. — Mon objectif, mon objectif allemand ! exclama-t-il en entrant.

— Un objectif allemand ? dit le commis, qui seul était présent. Est-ce que par hasard celui-ci serait pour vous ? — Et il montrait un appareil soigneusement empaqueté. — S'il en est ainsi, vous êtes un heureux mortel, car nous l'avons essayé hier, et c'est le roi, l'empereur de tous les objets venus de Vienne.

— Il est tellement supérieur, que le patron y regardait à deux fois pour s'en défaire, il voulait le garder pour lui.

— C'est pour moi, bien pour moi, pour moi seul, dit Marlé qui part en serrant l'appareil sur son cœur, comme une mère y serre son premier-né.

Arrivé chez lui, Marlé essaye l'objectif : Il est bien limpide, c'est vrai, se dit-il, mais j'aurais cru qu'il le serait plus encore. Qui sait ! les verres ne sont peut-être pas bien essuyés? Essuyons-les. Et le voilà les frottant avec amour.

Tout à coup, sur le bord d'un verre, il distingue quelques lettres... M. A. U. G. E. Y. Avec toute la bonne volonté du monde, on ne pouvait pas lire Voigtlander. Je suis... solarisé, s'écria le pauvre artiste. Et le voici descendant son escalier avec une précipitation telle, que son voisin se dit: il est *fou* ; et courant chez l'opticien, croyant naïvement à une méprise.

Là, de comique qu'elle était, la scène prit des allures de tragédie. — Entrez donc dans mon cabinet, dit l'opticien qui, fermant la porte à double tour, saisit deux pistolets, deux *kukenreither* (ceux-là étaient plus allemands que l'objectif), et s'écria: *Permettez-moi de vous brûler la cervelle !*

— Cette proposition, répond Marlé, me surprend et ne me flatte pas.

— Qu'elle vous flatte ou non, riposte l'opticien, je vais la mettre à exécution, si vous ne déclarez pas par écrit que je vous ai non vendu l'objectif, mais bien que je vous l'ai prêté.

— Volontiers, dit le pauvre Marlé tout abasourdi, je ne tiens pas à conserver un appareil falsif... Un regard foudroyant du fabricant arrêta sur les lèvres de l'artiste la dernière syllabe du mot. *Vox faucibus hœsit.*

Vingt minutes après, l'objectif (numéro 4,698) était réintégré dans le magasin de l'opticien.

Marlé me raconta cette histoire, je voulus en savoir le fin mot ; le vendeur nia le fait et traita Marlé de visionnaire, moi-même de calomniateur ; il se sentait fort de ce qu'il avait ressaisi les preuves matérielles de sa contrefaçon.

Je réfléchis alors, et me dis qu'un homme qui possède le talent de contrefacteur et celui de se mettre encore à l'abri de l'accusation, ne pouvait avoir tous les talents à la fois, celui, par exemple, de graver sur la tête de l'objectif la raison Voigtlander et Sohn. Je ne me trompai point : le graveur, aussi innocent que celui qui avait vendu les verres, et qui ne croyait guère prêter les mains à une contrefaçon, le graveur, dis-je, le sieur Desboubers, avoua sans difficulté, en présence de plusieurs témoins, que non seulement il avait gravé le numéro 4,698 et le nom de Voigtlander et Sohn sur un objectif que lui avait apporté un opticien de ses voisins, mais encore qu'il avait gravé les numéros 4,690, 2,504, 2,862, 2,056, sur l'ordre du même opticien et d'un autre graveur travaillant d'habitude pour ledit opticien.

Je pardonne à un épicier de mettre *moka* sur un paquet de chicorée et de le vendre comme tel ; le tort que l'épicier cause, quoique réel, est minime ; mais qu'un opticien vienne vendre, à un pauvre artiste, 900 fr., un appareil qui en vaut 300, *c'est un vol lâche et infâme.*

En songeant que cet homme-là sera demain peut-être appelé à l'honneur de faire partie d'un respectable jury, et qu'il condamnera impitoyablement à un an de prison un pauvre diable qui aura volé une paire de souliers pour son enfant, l'indignation m'a mordu au cœur, et j'ai dénoncé sa fraude à M. Voigtlander, qui a des droits à le poursuivre.

ON DEMANDE UN ASSOCIÉ.

Il existe à Paris un photographe que je nommerai photographe *honoraire*, parce qu'il ne fait réellement pas de photographie et que sa spécialité est de *manger* des associés.

Grâce à la publicité des *Petites Affiches*, M. *** fait connaître qu'on demande un associé avec un apport de plus ou moins de 1,000 francs pour l'exploitation d'une industrie en pleine activité.

A chaque annonce, vingt ou trente personnes se présentent ; sur le nombre il se rencontre toujours un pauvre diable qui a amassé quelque quinze cents francs dans une loge de concierge ou sur le siége d'un fiacre.

Pardieu, s'écrie M. *** en apercevant sa figure bonasse, l'affaire que j'ai à vous proposer vous ira à merveille ; c'est une entreprise artistique. Or, votre front ouvert, votre démarche dégagée, votre œil profondément intelligent révèlent que vous êtes artiste de naissance.

— Mais non, Monsieur, balbutie le pauvre diable.

— Pardonnez, vous êtes né artiste, et si vous n'avez pas encore fait de l'art, l'occasion seule vous a manqué. Eh bien ! cette occasion, je vous l'offre..... Combien possédez-vous ?

— Dix-huit cents francs.

— C'est peu, vu le matériel considérable et la clientèle nombreuse que j'apporte dans l'association ; mais enfin les dispositions artistiques dont vous êtes évidemment doté, compenseront l'insuffisance du numéraire.

Entre gens d'honneur les contrats ne sont pas nécessaires ; pourtant, comme question de principe, signez-moi ce petit traité lénitif et bénin par lequel vous vous engagez, entre autres choses, à me donner votre coopération entière, exclusive, et à séjourner chaque jour douze heures dans mon atelier, soit pour m'aider dans mes manipulations, soit pour causer agréablement avec le client et lui faire prendre patience en attendant son tour de pose, car notez que mon salon ne désemplit pas. Encore une fois, si vous n'aviez pas une tête si expressive et si artistique, je refuserais net vos dix-huit cents francs, car en échange de si peu je vais faire votre bonheur ; je me dévoue dans votre intérêt.

Quel brave homme, se dit l'ex-concierge en signant des deux mains, si peu lisiblement qu'il est obligé, à côté de sa signature, d'écrire son nom entre parenthèse.

A quinze jours de là, ne voyant, comme sœur Anne, rien venir, c'est-à-dire n'apercevant pas la plus petite fraction de la nombreuse clientèle promise par son associé, le pauvre homme demande au photographe honoraire ce que devient cette foule qui jadis ne *désemplissait* pas le salon ?

— En achat d'appareils et de produits chimiques, mon argent est parti, dit-il piteusement, et la clientèle n'est pas venue.

Un mois après il ajoute : en fait de visage humain nous n'avons, depuis notre association, vu que celui du porteur d'eau ; je ne veux pas mourir de faim, je vais chercher à utiliser mes bras quelque part ; pendant ce temps la foule se décidera peut-être à nous rendre visite.

Halte-là, bonhomme, retorque M. ***, vous allez donner un croc-en-jambe aux clauses de notre traité. Relisez-donc, *if you please*, l'art. 47 de ce traité; ne dit-il pas que vous me devez votre coopération entière, exclusive?

— Mais alors nourrissez-moi?

— Vous nourrir, montrez-moi une clause de notre contrat qui m'y contraigne.

Quarante-huit heures après, l'ancien concierge quitte son associé, aimant mieux faire l'abandon de ses dix-huit cents francs que de devenir une seconde édition des naufragés de la *Méduse*, et profondément dégoûté de la vie d'artiste.

Le lendemain, dans les *Petites Affiches*, on peut lire:

On demande un associé pour l'exploitation d'une industrie en pleine activité.

M. *** a passé pour cette annonce un marché à l'année.

En outre, en homme prévoyant, pour ne point rétribuer un peintre pour changer son enseigne chaque fois qu'il prend un associé nouveau, il a soin de ne mettre en tête de sa montre que *** *et compagnie*.

L'enseigne a servi pour les associés passés, elle sert pour le présent, elle servira pour l'avenir. — Elle est immuable, inamovible.

Ce ET COMPAGNIE

Vaut le qu'*il mourût* de Corneille: c'est aussi sublime!

LE DOIGT DANS L'ŒIL.

M. *** est un amateur très riche, je ne dis pas très distingué; il s'occupe depuis dix ans peut-être de photographie, il n'a jamais pu parvenir à produire une épreuve supportable. Ce n'est cependant pas la patience qui lui manque, il en est doué surabondamment; serait-ce l'intelligence? pas davantage; car bien qu'on attribue l'invention des *trente perruques par mois* à un ex-pair de France, nous pouvons prouver qu'elle revient entièrement à M. ***.

Quoique le fait soit assez répandu, je le répéterai, car plusieurs d'entre mes lecteurs peuvent ne pas le connaître, et puis ça ne fera pas plaisir à M. ***.

M. ***, atteint à vingt-cinq ans d'une calvitie aussi subite que prématurée, parvint pendant vingt ans à tromper l'œil, non seulement de ses amis les plus intimes, mais de ses domestiques eux-mêmes. Voici le moyen qu'il employa. Il se fit confectionner trente perruques par un célèbre professeur *en cheveux*. Les poils de la première étaient presque ras, ceux de la seconde plus longs d'un millimètre, ceux de la troisième de deux et ainsi de suite.

Le premier du mois M. *** mettait sa perruque n° 1; le lendemain sa perruque n° 2. Lorsque le mois arrivait à sa fin, M. *** disait tout haut : c'est étonnant, comme mes cheveux poussent vite ; il faut que je me les fasse couper. Et le lendemain, quand il avait repris sa perruque n° 1 (sa perruque *à la mal-content*), on se disait : Tiens ! Monsieur *** a fait couper ses cheveux.

Certes, ce n'est pas là un homme inintelligent, pourquoi donc ne parvient-il pas à faire un cliché ?

Je crois, pour ma part, que c'est parce que M. *** s'est toujours refusé à recevoir un conseil ou une leçon de qui que ce soit, et travaille d'après les méthodes de tels et tels faiseurs de brochures, qui, à l'instar du singe à la lanterne magique, n'oublient jamais qu'un point :

Celui d'éclairer la lanterne.

Ce qu'il y a d'extraordinaire, c'est que M. *** ne croit pas qu'il fait exécrablement mal ; loin de là, il est convaincu qu'il fait bien, très bien même. J'ai entendu M. *** me dire, en me présentant une épreuve non venue : Comment trouvez-vous ce modelé ? quelles demi-teintes ! quelle vigueur dans ces noirs ! quelle transparence ! quelle netteté ! quels blancs !

Hélas ! les épreuves de M. *** me rappellent les trois vers de ce pauvre cul-de-jatte qui, de son vivant, avait nom Scarron :

On y voit l'ombre d'un cocher,
Qui tenant l'ombre d'une brosse,
En frottait l'ombre d'un carrosse.

LE PHOTOGRAPHE QUI A VENDU SON NOM.

Chacun a lu dans les contes d'Hoffman l'histoire de l'homme qui a vendu son ombre. Je vais raconter l'histoire d'un photographe qui a vendu son nom.

Il existe à Paris deux frères qui se sont adonnés à la photographie. L'un a complètement réussi, *pécuniairement parlant*; c'est un des fermiers-généraux de l'objectif. L'autre, moins chanceux, est resté obscur, presque totalement inconnu. Etait-il doué de moins de mérite? Je n'en sais rien: ce que je sais, c'est qu'il n'avait pas le génie du mercantilisme aussi développé que son frère.

Un beau jour, celui qui jouit de la vogue, et qui se fait un revenu tel que le meilleur des littérateurs de l'époque le lui envierait, apprenant que son frère, pauvre hère végétant en province, avait pris la résolution de venir se fixer à Paris, se dit que le public en voyant son nom sur une autre enseigne, s'imaginerait peut-être trouver là une succursale de sa maison, et que cette erreur ne laisserait pas que de lui causer un préjudice notable.

A Paris, dit-il à son frère, les loyers sont hors de prix, un établissement coûte immensément à créer; ce n'est pas avec tes minuscules ressources que tu parviendras à ouvrir un fond.

3.

Entre frères, s'entr'aider est une loi de la nature. Ce qui te manque, je te le fournirai. Une terrasse, je te la trouverai et paierai un an de loyer ; les instruments, les montres d'exposition, je te les achèterai. Tu fais assez mal la photographie : je te placarderai lesdites montres de mes propres épreuves, MAIS... tu t'établiras sous le nom de ta femme, et, à Paris, il n'y aura qu'un photographe du nom de ***.

Ce qui fut proposé fut accepté. L'offrant continua à arrondir sa bourse, à gonfler ses sacoches. Quant au prenant, il végète : c'est décidément sa spécialité. Le bruit court, que touché de l'obéissance passive de son frère et de sa scrupuleuse observation du traité, le richard donne au pauvre diable quatre fois le *pot-au-feu* par semaine. Ce pot-au-feu est reçu avec des larmes de reconnaissance.

Eh ! bien, moi je ne m'extasie pas sur là générosité du photographe parvenu, et je dis hautement à l'autre, qui lira ces lignes et me comprendra : Pour quelques kilogrammes de viande, vous qui aliénez votre nom, vous n'avez pas réfléchi lorsque vous avez fait un semblable marché ! Je sais que vous êtes ce que l'on appelle un *brave homme*, et votre action, que je qualifierais chez tout autre de trafic honteux, infâme et dégoûtant, je l'attribue à votre *faiblesse*. — Il faut vivre, direz-vous. — Vivre, certes ; mais lorsqu'on est valide et qu'on a ses deux bras, si la profession que l'on a embrassée ne peut assurer le pain quotidien, on va décharger les bateaux sur les quais, on va rouler la brouette, on prend les crochets, on se fait commissionnaire, on prend des brosses, on se fait décrotteur ; mais on ne fait pas abandon de son individualité, de son nom, du nom de son père.

DE HUIT A DIX HEURES DU SOIR.

Il est des gens si peu aptes à faire de la photographie, qu'en les voyant s'occuper de cette industrie artistique, on se remémore l'homme dont parle Alphonse Karr, l'homme qui passe sa vie à mettre des bottes trop étroites.

Gigantesquement ignares, ineptes et prétentieux, ces gens-là ont pourtant un talent, celui de tambouriner une réputation qu'ils usurpent; ils connaissent à fond toutes les ressources de la réclame, et sur les morsures que leur fait une juste critique, ils appliquent un cataplasme d'éloges payés trois francs la ligne dans les petits journaux.

Bien plus, tandis que l'artiste consciencieux qui n'est pas sans mérite, végète ou gagne à peine de quoi vivre, ceux-là accaparent la clientèle par des moyens que nous ne voulons pas qualifier.

Citons-en un entre mille.

Si , entre huit et dix heures du soir, au moment où toute affaire terminée, la foule compacte circule à grand'peine sur le boulevart, dans la rue Richelieu, la rue Vivienne et dans le Palais-Royal, vous vous égarez en face de l'établissement de M. ***, vous verrez descendre de l'atelier de ce photographe un gamin porteur de cinq ou six cents cartes d'adresses qu'il accroche au-dessus des montres. Aussitôt une douzaine d'individus (toujours les mêmes, cela va sans dire) se précipite vers l'exposition comme le chien à la curée, et se dispute les cartes avec fureur. La foule s'assemble, la circulation est complètement interrompue.

—Bast! s'écrie alors un flâneur posté *ad hoc*, vous vous imaginez que cet artiste peut livrer au premier client venu des épreuves aussi *admirables* que celles qui sont en montre (notez qu'elles sont horribles), cela lui serait impossible, on ne réussit pas comme cela à tout coup.

— Je vous demande bien pardon, repart un des douze acolytes, les épreuves livrées sont en tout point semblables à celles qu'il expose; moi qui vous parle, j'ai fait photographier par lui toute ma famille, et pas un portrait n'est inférieur à ceux-ci.

—Permettez-moi d'en douter.

—Venez avec moi, Monsieur, je vous les montrerai.

—Moi aussi, s'écrie un troisième, j'ai fait faire six portraits chez M. ***, ils sont tous plus admirables les uns que les autres.

Et cette scène, qui est jouée avec une chaleur tropicale, se renouvelle dix fois en deux heures.

Deux cents représentations n'ont point encore épuisé le succès. Il est question cependant, pour le mois prochain, d'une nouvelle parade et d'un nouveau *boniment*, paroles et mise en scène de M. *** — toujours.

NE VOUS EMPORTEZ PAS,

VOUS NE VOUS EN PORTEREZ QUE MIEUX

Il y a un mois environ, je passais dans la rue de Poliveau (une petite rue qui demeure derrière le Jardin des Plantes), lorsqu'un individu, qui depuis quelque temps semblait me suivre, vint se poster devant moi et me dit :

Je vous ai vu, je crois, quelque part, Monsieur.

— Vous vous trompez, je n'y vais jamais.

— Ou bien ailleurs.

— Je n'y vais pas non plus.

— Mais enfin, Monsieur, vous vous nommez Auguste Caron.

— Ainsi que vous avez l'honneur de le dire, Monsieur.

— (*D'un ton un peu criard.*) — Pourriez-vous avoir la complaisance de m'expliquer pourquoi, sans me connaître (car vous ne me connaissez pas), vous vous êtes permis de me critiquer amèrement?

— A qui parlé-je, Monsieur?

— A M..., photographe, que vous bafouez et ridiculisez chaque jour.

Pardon, Monsieur, pour vous critiquer amèrement, puisqu'amèrement vous dites, je n'avais nul besoin de vous connaître; vous exposez des produits photographiques; exposés, ces produits tombent sous l'appréciation de la critique et j'ai usé de la latitude qui m'est accordée. Vos produits sont bons ou ils sont mauvais.

Si vous avez du mérite, si j'ai frappé à faux, tant pis pour moi, l'opinion publique fera bientôt justice de ma critique; si j'ai touché juste, qu'aurez-vous à dire?

— (*D'un ton un peu plus criard.*) — Monsieur, je ne souffrirai pas.

— Je crois que vous vous échauffez.

— (*D'un ton plus que criard.*) — Savez-vous bien, Monsieur.... que si...

— Je crois que vous vous emportez.

— (*D'un ton féroce et levant la main.*) — Si je ne me retenais pas...

— Je vous retiendrais, lui dis-je, et prenant mon gaillard par la ceinture, je le portai, bien qu'il se débattît un tantinet, dans un café voisin.

Là je demandai un verre d'eau pure.

Buvez ceci, Monsieur, dis-je à cet énergumène.

Buvez ceci, repris-je en le regardant bien en face, ou je vous fends la tête d'un coup de canne.

Mon ton n'admettait pas de réplique; ce bon Monsieur vit que j'étais homme à exécuter ma menace; il obéit et il fit bien.

Il but machinalement la moitié du verre, et le déposa.

Buvez tout, lui dis-je.

Il le but, rubis sur l'ongle.

Maintenant, ajoutai-je en le prenant par le bras, vous devez être plus calme; cette eau vous a fait du bien; venez, nous causerons.

Nous sortîmes, et depuis ce moment nous fûmes bien ensemble.

Parmi MM. les photographes j'en ai rencontré plusieurs de cette trempe, braves gens qui font les méchants de peur de passer pour bêtes.

UN MILLION DE PROFESSIONS.

Il y a quatre ans environ, voyageant dans le Limbourg, j'entrai par hasard dans l'église d'une petite ville dont le nom m'échappe à présent, et fus surpris d'y rencontrer une profusion de bas-reliefs mirifiques, de panneaux charmants, et surtout deux confessionnaux où l'artiste mêlant le sacré au profane, à la manière des sculpteurs du moyen âge, avait mis en regard des têtes de saints vénérables, et celles de personnages grotesques, grimaçants et cornus. Là, des panneaux, représentant des sujets tirés de la Bible, les uns sveltes, coquets, découpés comme les dentelles de Malines, avec assemblage d'arabesques qui se poursuivent et forment une chaîne sans fin; les autres, lourds, massifs, froids, glacials, représentant des saints, des moines, des anachorètes couchés dans leurs sépulcres, les mains en croix sur la poitrine, ou un ermite en prière, ou le supplice d'un martyr. En voyant ces sculptures sévères, ou ces capricieuses arabesques, révélant chez l'artiste, et l'inspiration et la fantaisie, je me disais que nous serions bien loin de produire, aujourd'hui, ces œuvres mystiques et patientes auxquelles souvent le sculpteur consacrait sa vie entière.

Aujourd'hui, me disais-je, on fait vite, on bâcle, on *fait* pour le commerce, pour l'exportation, on ne *fait* pas pour l'art, et je poussai un si profond soupir, que le bedeau s'approcha de moi avec des yeux comiquement écarquillés :

A quelle époque ces sculptures remontent-elles, lui demandai-je ?

A 1832, me répondit-il. Je crus qu'il se trompait de

quatre siècles. Je haussai les épaules, il remarqua ce mouvement, et reprit d'assez mauvaise humeur :

Je sais ce que je dis, *savez-vous*. Je les ai vu faire ces sculptures-là. — Et l'artiste se nomme? fis-je, — Edmond Moonem. J'inscrivis ce nom sur mon carnet, et arrivé à l'hôtel, je m'empressai de demander l'adresse de cet homme, qui déjà avait toute ma sympathie, — nul ne put me la donner. Le commissaire de police à qui, en désespoir de cause, je m'adressai, vint le lendemain me crier du plus loin qu'il m'aperçut : Il est parti depuis plus de dix ans, *savez-vous*, on le croit à Paris.

A Paris, dans tous les ateliers que je parcourais chaque jour, il était aussi inconnu que le français l'est à M. Barbou, photographe de la rue Saint-Marc.

Six mois plus tard, rue Neuve-des-Augustins, un de mes amis m'entraînait à un concert donné par un fabricant de pianos. Au moment où nous entrions, un homme grand, élancé, la figure encadrée d'une admirable barbe noire, exécutait avec la plus élégante aisance, un quadrille original, saisissant, plein de verve.

— Tu connais ce pianiste, demandai-je à mon ami? —Sans doute, c'est le fabricant de pianos lui-même, qui est aussi bon musicien que bon fabricant, aussi bon fabricant que bon sculpteur. C'est Edmond Moonem.

Deux jours après, je me rendis rue Neuve-des-Augustins, et pour nouer connaissance avec M. Moonem, et pour acheter un piano qu'un ami me chargeait de lui procurer.

M. Moonem n'est plus fabricant de pianos, me dit le concierge, il est maintenant ébéniste et décorateur d'appartements.

—————

Dans un des plus coquets boudoirs de Paris, je m'extasiai bientôt devant quelques-uns de ces meubles de cuivre et d'écaille, qui firent la réputation de Boule, devant quelques siéges aux formes gracieuses, incrustés d'ébène et de nacre, devant un sopha agaçant, voluptueux, avec des amours aux angles, des rosaces, des médaillons, des coquilles, des guirlandes, des fleurs au milieu, devant deux ou trois coffrets d'érable, de citronnier, de cèdre et de noyer veiné, sur lesquels on pose les objets d'art et les porcelaines, dans lesquels on cache ses diamants, ses dentelles et ses lettres.

Ce charmant mobilier sort de chez Tahan, je le parierais, m'écriai-je.—Nullement, me dit la jeune femme, heureuse propriétaire de ce mobilier-bijou. J'ai acheté tout cela à un artiste nommé Moonem ; ah ! je suis bien désolée qu'il ait abandonné sa profession.

—————

Voilà deux mois, dans le petit théâtre, dit Spectacles-Concerts Bonne-Nouvelle, je remarquai la savante et poétique disposition d'un groupe dans un tableau vivant. Au milieu était lui-même le directeur des posés.

Avec des femmes aussi peu gracieuses et si mal

soudées, si vieilles ou si usées, disait un spectateur, je ne comprends pas que Moonem puisse obtenir un résultat aussi satisfaisant. Ce résultat témoigne et de son talent et de sa patience.

Décidément, me dis-je, ce Moonem a juré d'épuiser le catalogue des professions.

Je ne mettais point trop d'exagération dans cette réflexion tacite, car hier un photographe me montrait quelques épreuves stéréoscopiques, et me disait : ces épreuves sont d'Edmond Moonem. Cette fois j'étais sûr d'avoir son adresse ; l'artiste m'envoya, 2, rue de la Tabletterie.

Là, je trouvai M. Moonem en train de terminer une chambre noire qu'il avait construite avec une précision telle qu'Oudin la lui envierait. Il s'empressa de me soumettre une douzaine d'épreuves charmantes qu'il prétendit être très imparfaites. Il n'avait que cela à me faire voir : dès qu'il a achevé une douzaine d'épreuves, les commissionnaires les lui enlèvent.

On m'avait assuré que Moonem était le type le plus original existant dans la photographie. Durant les deux heures que je restai chez lui, j'en eus la preuve.

— Monsieur, dit une dame qui arriva tout essoufflée, j'ai un portrait d'enfant à vous faire faire.

Les portraits d'enfants, je m'en soucie peu, dit Moonem ; j'ai remarqué que ces diables d'enfants n'étaient pas toujours exactement mouchés.

— Monsieur, c'est un enfant mort. — Alors c'est différent.

— Vous viendrez bientôt, Monsieur? — Nullement, vous n'avez pas lu dans ma montre: *fait le portrait et* VA-T-EN VILLE. Si vous voulez que je fasse le portrait du petit, vous l'apporterez.

Cinq minutes après, un commissionnaire apportait le mort sur ses crochets. — Me permettez-vous, me dit Moonem, de daguerréotyper ce petit décédé.

— Certes, répliquai-je, et je me mis à passer en revue les mille bizarreries, les mille curiosités dont son petit atelier fourmille.

Pendant ce temps une scène assez peu commune se passait au domicile du père de l'enfant défunt.

Le médecin se présentait pour constater le décès.

— Où est le mort? — Mais, Monsieur, il n'est pas visible.

— Comment, il n'est pas visible!

— Non, Monsieur, il est sorti.

— Sorti! clama le docteur.

— Oui, Monsieur, sorti pour faire faire son portrait.

Le docteur se disposait à constater une aliénation mentale au lieu d'un décès, lorsque le commissionnaire revint, et le mort avec lui. Tout fut alors expliqué.

Quant à l'épreuve, elle était fort remarquable, comme du reste tout ce que j'ai vu chez M. Moonem.

Je m'empresse de le constater ici. Car, qui sait, demain M. Moonem ne sera peut-être plus photographe,

peut-être sera-t-il organiste, architecte, flûtiste, géo-
mètre, violoniste, constructeur de navires, danseur,
fabricant de lunettes, compositeur, dentiste, chanteur,
pédicure, peintre, bandagiste ou mécanicien. Avec un
homme comme celui-là toutes les suppositions sont
admises.

———

MACÉDOINE. — BIGARRURES.

Il est un photographe qu'on peut peindre en deux
lignes :

Ignoble et laid,
La tête d'un satyre et le cœur d'un valet.

Mais plus difforme encore au moral qu'au physique.

Ce drôle, qui a toujours la tête farcie d'idées qui
certes ne viendraient pas à un honnête homme, a parfois des mots d'une candeur réjouissante.

Dernièrement il avait besoin d'un opérateur. Un de
ses confrères lui parla d'un jeune homme très capable.

Capable, repartit ***, c'est très bien, mais a-t-il des
mœurs? Ce mot n'aurait pas été mieux placé dans la
bouche de Mandrin.

———

Un photographe étant appelé en justice à l'occasion
d'un procès, demanda l'indulgence du tribunal, n'étant
pas, dit-il, accoutumé à parler en public.

Parlez comme vous pouvez, répliqua le juge, on tâchera de vous comprendre.

Un autre tient une sorte de Mont-de-Piété. — Il prête sur les clichés et prend sans doute plus *d'intérêts* qu'il n'en inspire; comme l'usurier de Molière il pourrait s'écrier :

> Messieurs, je fais la banque,
> Et j'avance à qui veut des fonds quand on en manque.

Un jour un amateur fort riche, désirant s'adjoindre, pour parcourir l'Italie et la Sicile, un photographe qui présentât toutes les garanties désirables de moralité et de capacité, me pria d'en faire l'annonce.

Cent cinquante artistes photographes viennent se proposer, m'apportant épreuves sur épreuves, certificats sur certificats. L'un d'eux avait oublié de retirer de ses papiers le certificat suivant :

*Je déclare que le nommé *** est le phénix des valets, en foi de quoi je lui ai délivré la présente attestation, avant de le flanquer à la porte pour tous les tours qu'il m'a joués.*

Il est un artiste photographe, breveté de plusieurs têtes couronnées, qui pourrait chanter ce que chantait certain duc en descendant le grand escalier de Versailles, un portefeuille sous le bras :

Ils m'ont, au ministère,
Mis, je ne sais pourquoi.

M. Legros prétend être le premier des photographes.

C'est vrai, il est bien le premier........... à gauche en entrant par la galerie Montpensier.

M. *** est un excellent homme , aux principes et aux mœurs de qui chacun rend hommage , mais qui, certes, n'entend pas la plaisanterie.

Dernièrement, au bureau du *Propagateur*, j'avais, dans un moment de loisir, écrit sur un chiffon de papier quelques lignes que j'avais intitulées : *Pensées et Maximes* :

Je cite au hasard.

« Il ne faut pas se pervertir l'esprit par de bonnes lectures. »

» Pourquoi faire le bien quand il est si facile de faire le mal. »

« L'homme vertueux est celui qui n'a jamais passé devant la cour d'assises. »

« Il vaut mieux manger le bien des autres que de manger le sien. »

« Il est de bon exemple de manquer à sa parole. »

« Si je n'ai pas de cœur, j'ai du ventre. »

« J'aimerais mieux assassiner une femme que de l'épouser; elle souffrirait moins. »

« Il faut toujours se réjouir du malheur d'autrui. »

M.***, étant venu nous rendre visite, je fus malheureusement obligé de le laisser un instant seul; en mon absence il jeta probablement les yeux sur mes maximes, car lorsque je rentrai je le trouvai cramoisi.

Qui me procure l'honneur de vous voir? lui dis-je?

Monsieur, répondit-il en balbutiant; je, je.. venais... pour m'abonner, mais.. mais... et saisissant son chapeau il s'élança hors du bureau, comme s'il eût respiré un air pestilentiel.

Depuis ce moment, M. *** dit, à qui veut l'entendre, que j'ai la figure la plus trompeuse du monde, et que je suis le plus parfait chenapan de Paris et de la banlieue; je regrette vivement l'opinion que M. *** a conçue de moi, je regrette plus vivement encore qu'il ne se soit pas abonné.

LE FAUX COL.

La misère est chose sainte, Dieu me garde d'en rire ; et si je fais assister le lecteur à une scène d'intérieur qui peut provoquer un peu d'hilarité, c'est bien moins pour le dérider que pour lui faire connaître qu'à côté des banquistes enrichis, il est de vrais artistes qui, ne voulant pas et n'ayant pas, eux, les moyens de payer la réclame et de faire faire beaucoup de bruit autour de leur atelier, meurent littéralement de faim.

Tandis que les parvenus s'évertuent à chercher de quelle manière ils pourront afficher un luxe insolent, tandis qu'ils sillonnent le macadam en coupé avec des princesses de Breda-Squarre, ou, lorsqu'ils daignent marcher à pied, qu'on les voit porter des chaînes de montre d'un volume et d'une pesanteur tels que, si jamais fantaisie me prenait d'en posséder une pareille je me ferais suivre par un commissionnaire qui la porterait pour moi ; tandis qu'ils oublient leur point de départ, qu'ils oublient qu'il y a cinq ou six ans, à peine, ils avaient des trous au coude et des souliers éculés ; tandis qu'ils achètent des hôtels, des maisons de campagne, et qu'à la Bourse ils sont les rois du trois pour cent ; il en est d'autres qui valant mieux qu'eux par le cœur, l'intelligence, le talent, n'ont d'autres

4

préoccupations que de dissimuler leur gêne, leur misère, et s'appliquent à ne rien laisser deviner de ce
qu'ils souffrent.

Il en est qui vont chez le fournisseur chercher à la
fois une plaque, un passe-partout, un cadre, et qui
attendent un client avec des battements de cœur. Il en
est, lorsqu'ils se lèvent, qui ignorent s'ils déjeuneront.
Lorsqu'ils ont commencé à faire de la photographie,
leur travail suffisait largement à leurs besoins ; mais
près d'eux sont venus s'établir les saltimbanques, les
pitres, les paillasses, et voyant que la foule les délais-
sait pour entrer chez ces sauteurs-là, un profond découragement s'est emparé d'eux; ils avaient voulu d'a-
bord se raidir et lutter, mais les histrions se sont adjoint
deux ou trois grosses caisses de plus, et dans cette
lutte inégale les pauvres diables ont mangé leurs
économies.

Chez un de ces parias de la photographie, artiste de
cœur, dont on est honoré de serrer la main, je suis
resté il y a quelque temps une journée tout entière.
Voici ce qui se passa.

Mon ami, me disait-il, je comprends que le public
ne monte pas chez moi; ma montre si modeste n'est-
elle pas éclipsée par ces expositions splendides qui
s'étalent aux boulevards, aux coins des rues les plus
riches ; avec le prix que paient mes confrères pour la
location de l'emplacement de ces expositions, dix fa-
milles trouveraient un toit. Puis, mes épreuves sans re-

touches ne sauraient flatter l'œil comme ces images si léchées, si chatoyantes, où le travail du photographe est nul, où celui de l'aquarelliste est tout.

Les escaliers des maisons somptueuses qu'habitent mes confrères sont recouverts de riches et de moelleux tapis, l'escalier qui mène à ma terrasse est si sombre, si obscur, si incommode, que tel client, qui veut monter chez moi, s'arrête au premier étage et redescend.

Il y a huit jours que je n'ai pas fait un portrait...

En ce moment un coup de sonnette l'interrompit.

C'est un client peut-être, dis-je. Une lueur d'espérance illumina ses yeux ; il boutonna sa redingote : se passa la main dans les cheveux, sortit un peu son faux-col, prit un air souriant et alla ouvrir.. c'était le porteur d'eau.

Dix fois cette scène se renouvela ; dix fois la sonnette vint nous donner des émotions, car je m'identifiais à la position et suivais avec intérêt chaque phase de ce petit drame; dix fois le jeu de la redingote, du faux-col, de l'air souriant se répéta ; mais tantôt c'était le facteur, tantôt le portier, tantôt un créancier, pas un client.

En sortant de chez lui, je passai chez M. *** du Palais-Royal ; dans le salon d'attente, douze ou quinze personnes attendaient leur tour de pose. M. *** sortit de son **LABORATOIRE** et leur dit : il est trop tard, vous reviendrez demain.

Et moi je m'en allai disant tout bas : Dieu n'est pas juste.

MYSTIFICATION INSTANTANÉE.

Il est des gens qui, par des procédés qu'ils prétendent spéciaux, opèrent en deux ou quatre secondes, en plein hiver; j'ai vu deux de ces praticiens émérites, et si j'ai été stupéfié de quelque chose, ce n'est pas de la rapidité de leur opération, mais de leur effronterie et de leur audace.

Lorsque le modèle est placé, et qu'il est au point, *ne remuez pas,* lui disent-ils, *nous vous mettons au point...* (et ce disant ils placent le châssis, enlèvent le couvercle de l'objectif, et l'opération commence). *Nous vous mettons au point... très bien... la pose est artistique.. parfait... ne bougez plus maintenant; nous commençons.* (Avec volubilité) *Une, deux, trois, quatre. — C'est fini, Monsieur, vous pouvez vous lever..... quatre secondes.... ni plus ni moins.*

En réalité le modèle a posé trente ou quarante.

Et c'est ainsi qu'on gouaille ce bon public.

L'an prochain ces Messieurs prétendront qu'en deux secondes ils *solarisent* les épreuves *au clair de lune,* et il se trouvera des gens pour le croire, et il se trouvera des gens pour l'écrire.

CONVERSATION.

Un jour, cinq ou six photographes se trouvaient ensemble, ils parlaient du *Propagateur*. Dans ce journal il y a quelque verve, disaient-ils, mais le rédacteur en chef, un nommé Caron, n'est qu'un méchant homme, il ne cesse de frapper sur les voleurs, il a toujours l'air de me désigner.

Je ne l'aime pas non plus, ajoutait un autre, c'est de sa part un déluge d'épigrammes sur les banquistes ; elles tombent d'aplomb sur moi, je ne suis pas plus banquiste que lui.

Je partage votre sentiment, poursuivait un troisième, je le hais avec ses éternels sarcasmes contre les niais ; qu'il me laisse tranquille.

Et les plaintes continuèrent et les récriminations ; tour à tour le fripon, l'envieux, le calomniateur jetèrent feu et flamme. Quant à moi, je n'avais jamais songé qu'à faire une peinture générale des vices et des travers ; mais chacun de ces messieurs s'en faisait volontairement l'application et se démasquait lui-même.

Chacun d'eux pratiquait la maxime grecque γνωτι εαυτου.

MÉLANGES.

J'ai eu jadis un tailleur que j'estimais fort, vu qu'il était honnête homme (je consigne le fait, il en vaut la peine), mais qui massacrait impitoyablement les habits, et qui lorsqu'il me promettait un habillement complet pour le mois de novembre, ne me le livrait qu'au mois de mai, de sorte que tant que je fus le client de ce digne homme, non seulement mes habits n'étaient pas de première coupe, mais encore ils formaient le contre-sens le plus flagrant avec la température; j'étais en hiver tout de nankin habillé, en été, du Sédan ou de l'Elbeuf le plus corsé, le plus épais.

Lorsqu'on me demandait pourquoi je ne mettais pas un pareil tailleur à la réforme :

Je répondais : je tiens à mes habitudes ; l'on repartait : et à vos *habits tués*. Aujourd'hui ce brave tailleur est photographe. Je lui ai pardonné ses habits, mais je ne peux lui pardonner ses portraits.

M. A.... n'est pas seulement un photographe distingué, c'est encore un homme d'esprit; il connaît surtout à fond ses classiques et sait faire des citations pleines d'à-propos. Nous nous trouvions un jour ensemble chez Monsieur B..; ce dernier parlait photographie, et disait avec une comique emphase, en nous montrant ses informes produits : croyez-vous que Gerotwol, Arnaude, Defonds, Moulin et Belloc fassent quelque chose qui approche de ceci ?

M. A. se pencha à mon oreille, et me rappela ces deux vers d'Amphytrion :

> Comme avec irrévérence,
> Parle des dieux ce maraud.

UN MARIAGE.

Un Anglais, fort riche, qui s'occupe depuis plusieurs années de photographie, et qui ne fait que de la photographie de genre, rencontra un jour, sur le pavé de Londres, une jeune et blonde fille qui avait nom Jenny.

La jeune fille suait la misère par tous les pores; il lui proposa de la garder avec lui, à la condition qu'elle lui servirait de modèle. Ainsi fut dit, ainsi fut fait; notre amateur ne fit pas une épreuve sans que son modèle chéri n'y figurât.

Il y a quelque temps, de plus en plus attaché à Jenny, il se mit en tête l'idée que la jeune fille pourrait bien le quitter un jour ou l'autre ; cette pensée l'attrista ; il s'enferma dans son cabinet, y resta jusqu'au soir dans la plus profonde immobilité, la plus intense des méditations ; quand il en sortit son air était radieux.

Il alla trouver la jeune fille ; Jenny, j'ai à causer longuement et sérieusement avec vous, lui dit-il.

Et moi de même, repartit la blonde enfant.

Parle d'abord, dit le gentleman.

— Monsieur, répliqua-t-elle, depuis longtemps, Williams, votre valet de chambre, votre fidèle serviteur, et moi nous nous aimons ; nous voulons nous marier, il ne nous manque que votre consentement.

Elle terminait à peine que William entrait.

Mon bon Williams, mon brave, mon honnête, mon digne Williams, s'écria l'amateur en se jetant au cou de son valet, ah ! merci, je suis sûr maintenant qu'elle restera toute sa vie auprès de moi ; épouse-la, j'en suis *indeed* fort satisfait ; si tu ne l'avais pas épousée, je l'épousais moi-même.

LES FILLES DE MARBRE.

Les auteurs d'un drame visant à la moralité, représenté récemment sur l'un de nos théâtres de genre, exhibaient le personnage odieux d'une fille de marbre, faisant fructifier par l'usure l'argent que sa rapacité arrachait à ses adorateurs.

Voici mieux encore ?

Le sieur ***, qui se fait **DE PAR** le daguerréotype un revenu de plusieurs dizaines de mille francs, a conclu le plus curieux des marchés avec ces femmes qui n'ont pas

Le temps de nouer leurs ceintures,
Entre l'amant du jour et l'amant de la nuit.

Chaque fois qu'une de ces dames afflige de ses caresses vénales un candide pigeon, un novice, un provincial, elle le supplie de lui laisser son portrait en souvenir *d'une nuit d'amour.*

Lorsque le pauvre garçon y consent, la fille de marbre le mène chez M. ***; là on lui bâcle un portrait qu'on lui fait payer grassement.

Une heure après, la fille qui a évincé sa dupe revient chez M. ***, et *rendant la plaque qui servira pour l'amant du lendemain*, perçoit sa commission.

En bon camarade, le sieur *** lui donne la moitié de ce qu'il a touché.

Voici les faits. — A quoi bon les commentaires.

CAUSERIE.

Lecteurs, permettez-moi de causer un peu avec vous et de vous ennuyer, en vous entretenant encore de moi et de mes affaires. Il est de ces moments de tristesse et de découragement où l'on a besoin de causer avec ses amis : je suis dans un de ces moments-là.

Si quelqu'un méprise les attaques anonymes, c'est bien moi, il est bien rare qu'elles m'affectent. On me dira : Mais si vous les méprisez, pourquoi en parlez-vous? Déchirez-les, brûlez-les, jetez-les aux ordures, faites-en tel usage qu'il vous plaira, et que tout soit dit. On aura raison. Mais parfois on se trouve dans ces dispositions d'esprit où, malgré tous les raisonnements qu'on peut se faire, on souffre d'une injustice, d'une calomnie même, de quelque part qu'elle provienne, et qui voudra être franc l'avouera comme moi.

Je viens de trouver au bureau du journal une lettre où l'on m'écrit que le métier que je fais est bien *misérable*. Bien misérable, en effet. En octobre, l'an dernier, je possédais deux ou trois billets de mille francs assez péniblement économisés, et aujourd'hui si je n'ai plus rien, c'est que l'idée me vint de créer le *Propagateur.* Or, le moment était difficile; on ignorait si cette feuille nouvelle n'était pas l'organe d'une coterie; puis l'hiver, l'artiste photographe proprement dit ne travaillant guère pour le public, est antipathique à l'abonnement.

Toujours dépenser, ne jamais recevoir, telle fut ma vie durant les deux premiers mois. En voyant son argent disparaître, tout autre eût renoncé à cette publication, moi je me suis dit : Allons toujours, quand je serai au bout de mon peloton, si je ne trouve pas d'associé, de bailleur de fonds ou d'acheteur pour mon journal, je l'offrirai pour rien, je le donnerai à qui pourra faire pendant quelque temps quelques sacrifices, car j'avais foi en l'avenir de cette feuille, je savais qu'elle vivrait. Vous tous qui avez accueilli mes premiers numéros avec un sentiment de défiance, vous l'avouerez aujourd'hui, n'est-ce pas, il fallait un certain courage pour faire ce que j'ai fait.

Non seulement en bravant la haine de ces gens bien posés dont je frondais et dénonçais les trafics scandaleux, je me faisais des ennemis acharnés qui devaient par tous les moyens possibles essayer d'écraser mon œuvre dans son œuf. Non seulement je mangeais mon argent, mais encore, par la franchise de mes attaques, je risquais quelques bons procès qui pouvaient m'envoyer à Sainte-Pélagie.

Au profit de qui faisais-je cette guerre sans relâche : aux sophistiqueurs, aux vendeurs à faux poids, sinon au profit de l'artiste qui ne me témoignait que de l'indifférence ?

N'est-ce pas que le métier que je faisais était en effet bien misérable ?

Et dans les moments où, les preuves en mains, je stigmatisais à visage découvert, et répondant de mes articles, la fraude et le vol; lorsque, pour doubler mon tirage, je retranchais de mes dépenses personnelles, nul n'est venu me dire : Tenez, voilà cent francs pour acheter et faire timbrer deux rames de papier et distribuer deux mille de ces exemplaires que vous envoyez *gratis*.

Nul n'est venu, — je me trompe, — un seul, oui, un seul, m'envoya un jour soixante francs. Je n'ai pas eu depuis l'occasion de le remercier, aujourd'hui je lui paie ma dette.

Il arriva, enfin, un jour où je ne trouvai dans ma caisse que les toiles de nombreuses araignées qui s'y prélassaient agréablement, et mes derniers deux francs servirent à prendre un cabriolet qui me conduisit chez un ami, à qui je racontai ma position désespérée. Il avait quelques fonds disponibles. J'étais seul propriétaire du journal. Je le lui cédai, sans autres conditions que de le sustenter durant encore un mois peut-être.

Je ne m'étais point trompé dans mes calculs : un mois après le *Propagateur* vivait de ses propres ressources; la défiance qui avait accueilli ses commencements avait cédé la place à la sympathie.

Quant à moi je ne regrette ni les peines que je me suis données, ni mon argent que j'ai perdu. Je suis heureux de ce que le *Propagateur* n'ait pas été tué sous moi, et puis j'ai la conviction qu'il deviendra un journal utile.

Voici la vérité, vérité qui peut être démontrée aux incrédules, et surtout à ceux qui m'écrivent que je fais un métier bien misérable.

Auguste CARON.

Paris. — Imp. de Mme de Lacombe, r. d'Enghien, 14.

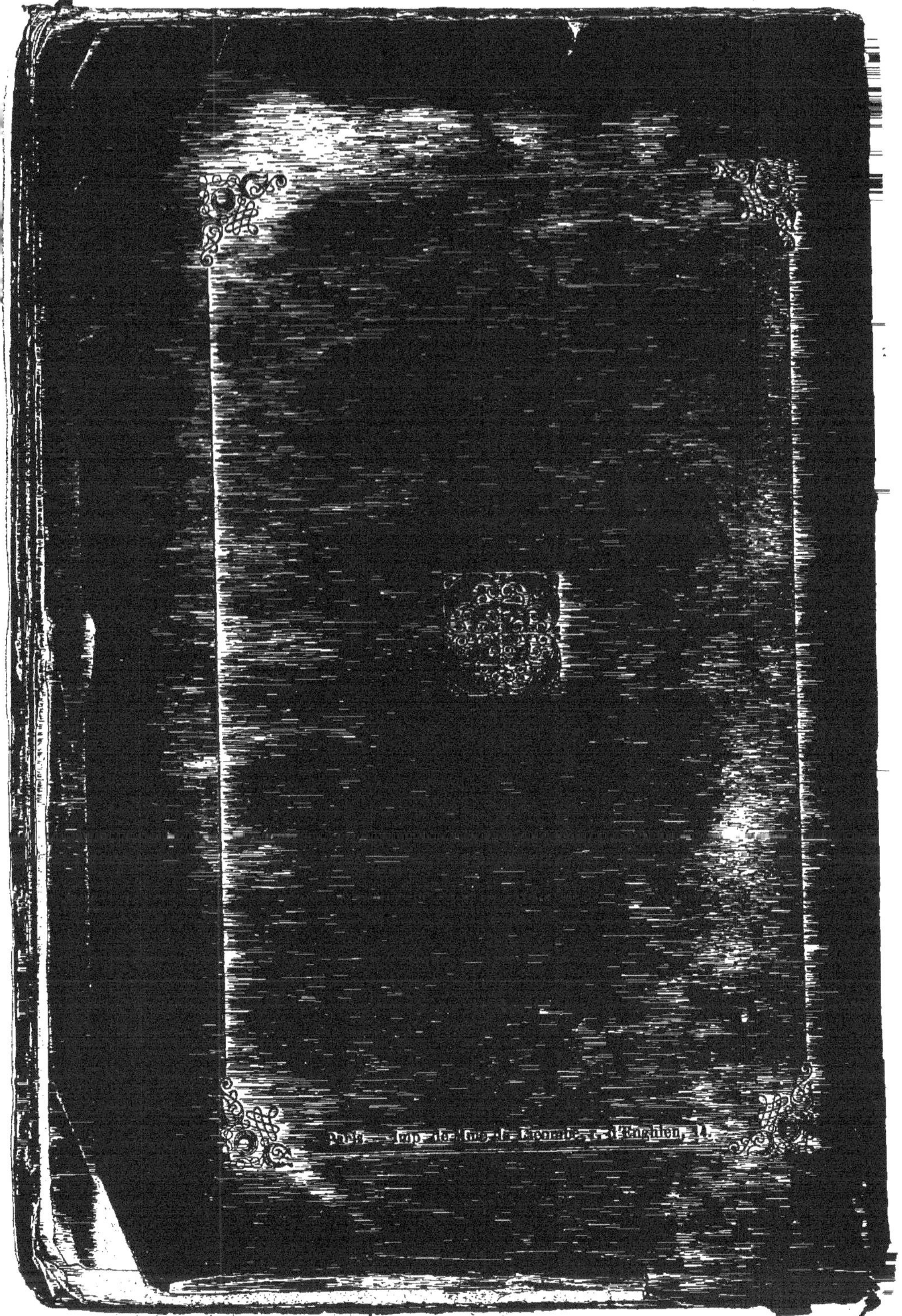

9 782019 970260